ORGANISATION DU CRÉDIT PAR L'ÉTAT.

PLUS D'IMPOTS!

PLUS DE DROITS RÉUNIS !

ORGANISATION DU CRÉDIT

PAR L'ÉTAT.

MARSEILLE.

IMPRIMERIE NATIONALE. — ASSOCIATION D'OUVRIERS.

QUAI DU CANAL, N. 9.

1848

PLUS D'IMPOTS!

PLUS DE DROITS RÉUNIS!

ORGANISATION DU CRÉDIT PAR L'ETAT.

La République est le Gouvernement de tous et pour tous.

Plus d'exploitation, plus de privilége au profit d'un petit nombre de citoyens : tous sont égaux, tous doivent participer à ces bénéfices ; c'est donc à l'État seul qu'il appartient de les opérer dans l'intérêt de tous.

Le Gouvernement à bon marché doit être une vérité.

A l'Assemblée Constituante.

CITOYENS REPRÉSENTANTS ,

L'Assemblée Constituante est appelée, par son institution, à doter la France de toutes les mesures organiques qui doivent gouverner notre pays sous la République , seul régime désormais possible.

Après le vote de la Constitution , après les changements que l'Etat actuel de la société rend impérieusement nécessaires dans nos lois civiles, l'organisation du crédit de toute nature doit prendre sa place, et occuper une large part dans les études, les discussions et les décisions de l'Assemblée.

Selon l'opinion d'un certain nombre d'économistes, opinion partagée par la partie éclairée de la nation, l'État, ou pour mieux dire le Gouvernement Républicain, agissant dans le sens vrai de son institution, doit vivifier lui-même les sources d'où découlera toute la prospérité du pays; c'est donc à l'État qu'il appartient d'organiser le crédit sur une échelle vaste, large, généreuse, et dont les combinaisons versent le secours et le bien-être dans toutes les classes de la société.

C'est uniquement du crédit que nous allons nous occuper, et, sans vouloir dès à présent aborder des considérations qui trouveront une place meilleure dans les divers chapitres dont se compose notre travail, nous prenons pour base fondamentale :

L'organisation du crédit par l'État.

Cette organisation doit se subdiviser en autant de branches que la société comporte de classes principales; ainsi nous établirons notre travail en huit chapitres, indiquant à chacun d'eux les moyens d'exécution, les considérations qui en dérivent, et faisant ensuite ressortir les observations générales résultant de l'ensemble de notre travail.

Selon nous, le Gouvernement Républicain est le plus sûr de tous les débiteurs; c'est donc à lui seul que doit appartenir le droit d'émettre des engagements représentant le numéraire, ayant cours forcé, et devant, selon la nature de leur création, s'amortir progressivement, tout en produisant un revenu assez élevé pour que la masse énorme des impôts qui pèsent sur la société éprouve un dégrèvement considérable, nonobstant les économies que la France est en droit d'attendre et de réclamer du nouvel ordre de choses.

Ceci posé, nous entrons en matière, et divisons l'organisation du crédit en sept branches, toutes exploitées par l'Etat, sous les dénominations de :

1° Banque Nationale immobilière ;
2° Banque Nationale d'escompte ;
3° Banque Nationale d'avances sur nantissement de marchandises ;
4° Banque Nationale d'avances aux agriculteurs et industriels ;
5° Banque Nationale du Mont-de-Piété ;
6° Banque Nationale d'encouragements et de secours ;
7° Chemins de Fer, Assurances.

CHAPITRE IER.

Banque Nationale immobilière.

En abordant cette grave question, nous ne nous dissimulons pas que la législation actuelle peut offrir quelques obstacles aux mesures par nous proposées; toutefois, comme nous avons reconnu par avance que l'Assemblée Constituante devait s'occuper des réformes civiles avant celles que nous demandons, nous pensons que les améliorations réclamées pourront se coordonner aisément avec notre système.

Suivant les calculs généralement admis, la propriété en France représente un capital de 50 milliards, non compris les biens immenses formant le domaine de l'Etat et des Communes; ce capital est frappé d'une dette hypothécaire s'élevant à 13 ou 14 milliards (non compris les hypothèques légales), dont l'intérêt est servi à divers prêteurs (qui, pour un chiffre assez considérable, sont des capitalistes étrangers), intérêt en moyenne s'élevant à 5 ou 5 1/2 p. o/o; car, si dans les départements de la Seine, de Seine-et-Oise, du Nord et quelques autres, les emprunts hypothécaires sont réalisés au taux de 3 1/2, 4 et 4 1/4 p. o/o, les autres départements, ceux de la Bretagne, du Centre, du Midi de la France empruntent à 5 et 6 p. o/o et souvent au-dessus.

Or, il est incontestable que ce chiffre d'intérêt joint aux frais nécessités par les immeubles hypothéqués, aux frais d'hypothèques, aux droits du notaire, courtages, et enfin à l'impôt que l'Etat prélève à juste titre sur la propriété, place la plus grande partie des propriétaires hypothécants, dans l'impossibilité de rembourser leurs dettes aux époques fixées ; de là, deux conséquences inévitables : renouvellement onéreux, ou vente de l'immeuble par expropriation, vente qui entraîne constamment avec elle la ruine du citoyen assez malheureux pour avoir basé une spéculation en se fondant sur un emprunt hypothécaire.

De ces simples considérations, qu'il nous serait facile de développer davantage, découle suivant nous pour l'Etat, l'obligation de se substituer de suite à tous les capitalistes qui, jusqu'à ce jour, ont trouvé commode d'éviter les charges publiques attribuées à tous les citoyens, en plaçant leurs fonds sur hypothèques et souvent à des conditions usuraires.

Pour exécuter cette obligation, divers moyens se présentent :

Le premier, le remboursement par l'État de la dette hypothécaire, au moyen d'une émission de titres dont le texte expliquera clairement la cause et les motifs de la création.

Ces titres, divisés en coupures d'une facile émission, ayant cours forcé, feront arriver dans la circulation une masse considérable de signes représentatifs qui favoriseront d'autant les opérations industrielles, agricoles et commerciales.

Emises avec un intérêt de 4 p. o/o l'an, garanti par l'Etat qui trouve son recours sur le propriétaire, ces valeurs offriront aux capitalistes un placement assuré, et seront d'autant plus recherchées qu'elles reposeront sur un gage impérissable.

Un amortissement annuel de 2 p. o/o donnera au débiteur la faculté de se libérer, et peut ainsi permettre d'arriver, en un certain nombre d'années, à l'extinction presque totale de la dette hypothécaire, et par conséquent au retrait des valeurs émises par l'Etat en représentation de cette dette.

En sus de l'intérêt de 4 p. o/o, l'Etat serait autorisé à percevoir un droit fixe de 4 p. o/o lors de l'émission de ses valeurs, plus un droit annuel de 1/2 p. o/o, qui remplacerait ainsi dans ses caisses une portion des impôts perçus sur la classe nécessiteuse, et serait en même temps une prime d'assurance contre la plus value qu'il devra payer ; lorsque des temps prospères ayant ramené la confiance, le cours de ces valeurs se trouvera nécessairement porté au-dessus du pair.

Notre but n'est point d'entrer ici dans tous les détails de cette organisation ; il nous suffira de la résumer ainsi :

Remboursement par l'Etat de la dette hypothécaire ;

Emission de valeurs ayant cours forcé représentant cette dette ;

Droit fixe 1 p. o/o une fois payé ;

Droit annuel 1/2 p. o/o ;

Amortissement 1 p. o/o ;

Extinction des valeurs émises dans la proportion des hypothèques remboursées.

Le second, et c'est sur celui-ci que nous appelons toute l'attention de l'Assemblée, est le remboursement par l'Etat de la dette hypothécaire, au moyen d'une émission de titres ayant également cours forcé, et dont la rédaction devra expliquer aussi la cause.

Par ce moyen, l'Etat devenant seul et unique créancier de tous les propriétaires emprunteurs, perçoit, par l'émission de ses valeurs ayant cours forcé, un revenu considérable, et, par sa position impérissable, peut accorder aux débiteurs hypothécaires des délais assez longs pour qu'ils soient à même de se libérer sans craindre les formalités d'une ruineuse expropriation.

De plus, l'intérêt servi à l'Etat par les propriétaires fournirait une recette tellement considérable, qu'elle pourrait à elle seule subvenir au moins à la moitié du budget annuel, évalué même à 1 milliard.

En effet, prenant pour base un capital hypothécaire de 12 milliards seulement, et calculant en moyenne un intérêt de 4 p. o/o, l'Etat opérerait une recette de 480 millions.

Ainsi, avec un système de Gouvernement économique, comme nous avons le droit de l'exiger aujourd'hui, la nation, par cette seule création, peut, à l'aide de ses autres ressources, parer non seulement à toutes les dépenses d'une vaste organisation sociale, mais encore venir en aide à toutes les institutions dont nous réclamons également la création, les alimenter, les secourir.

Les titres émis par l'Etat, étant constamment en rapport avec les hypothèques concédées par les propriétaires, ne sont donc, en définitive, que la représentation du contrat hypothécaire actuel, ou, en d'autres termes, la mobilisation d'un capital immense enfoui dans les caisses des capitalistes qui, privés à l'avenir de ce mode de placement uniquement réservé à l'Etat, devront chercher dans d'autres opérations le moyen d'utiliser leurs fonds : de là devra résulter, pour l'agriculture, cette mère de toutes les industries, pour la propriété elle-même, pour le commerce intérieur et maritime, pour toutes les industries, et par conséquent pour les *travailleurs*, une amélioration, une plus-value, enfin une augmentation de bien-être dont l'effet, en peu de temps, rejaillira sur toutes les classes de la société.

Quant au remboursement des créances hypothécaires, nous estimons qu'il doit avoir lieu au moyen d'un paiement annuel de 2 p. o/o, ce qui permet au débiteur de se libérer aisément : il faut aussi faire observer que le revenu de l'Etat ne peut être affecté par ce mode de remboursement, car chacun sait que les hypothèques ne fournissent à présent à l'Etat, suivant les lois actuelles, un revenu considérable que par suite de leur enregistrement, et au moyen des renouvellements et de celles qui se créent lorsque d'autres se remboursent.

Nous n'entrerons pas dans les détails d'organisation de cette Banque et dans les moyens de recouvrement; nous nous croyons seulement fondés à dire qu'ils pourraient procurer une grande économie sur les dépenses occasionées aujourd'hui par la perception des impôts actuellement existants.

Maintenant que nous avons exposé déjà deux systèmes pour remplacer celui hypothécaire, il nous reste à répondre par avance à une observation grave, mais qui, s'adressant à ces deux systèmes, dès l'instant que l'Etat se constituerait le seul créancier hypothécaire au moyen d'une émission de titres ayant cours forcé, ne devait trouver sa place qu'après avoir déduit toutes les conséquences de notre plan.

Ainsi, voulant conserver aux titres autorisés et émis par l'Etat toute leur valeur, le complément de notre système est que l'Etat, tout en se constituant créancier hypothécaire, ne puisse cependant émettre sur les propriétés qui lui seraient offertes que les 3/4 au plus de leur valeur.

Il est bien entendu que les propriétaires pourraient toujours engager la partie restée disponible de leurs immeubles, en se conformant, pour les garanties, aux lois qui régissent ou régiront la matière.

Cette observation est faite plus en vue de la dette actuellement existante qu'en vue de l'avenir; en effet, il est un certain nombre de propriétés hypothéquées bien au-dessus de leur valeur, et si l'Etat remboursait ces hypothèques inscrites, ses titres se trouveraient frappés de suspicion dès leur émission même; ce n'est donc qu'au moyen d'une estimation juste, nous dirons même généreuse, que l'Etat devra reprendre les hypothèques actuelles, si notre plan est adopté par l'Assemblée Nationale.

Quant aux hypothèques nouvelles, pour lesquelles le concours de l'Etat sera réclamé par les propriétaires, nous n'avons pas la même observation à redouter; le mode de remboursement indiqué et la surveillance nécessairement exercée par l'Etat ne laissent aucun doute sur la valeur réelle, véritable, du papier dont nous sollicitons l'émission pour remplacer des valeurs ayant le même gage, mais mortes pour la circulation, titres qui réunissent la double garantie du contrat hypothécaire et la garantie de l'Etat.

Ainsi donc, le résumé de notre second système peut s'établir ainsi :

Remboursement par l'Etat de la dette hypothécaire actuelle au moyen de titres ayant cours forcé;

Intérêt payé à l'Etat par les emprunteurs à 4 p. o/o l'an;

Diminution considérable sur les impôts actuellement existants par suite de l'intervention de l'Etat dans les prêts hypothécaires;

Avantage pour les propriétaires emprunteurs qui se libèrent en moyenne avec économie, au moyen de l'intérêt qu'ils payent aujourd'hui, et sans avoir à redouter les fâcheuses conséquences de l'expropriation;

Remboursement 2 p. o/o par an, et diminution des valeurs émises dans la proportion des créances remboursées.

Nous devons cependant envisager l'effet que produira sur certains esprits timorés, l'émission presque instantanée d'un aussi grand nombre de titres, bien que leur valeur soit parfaitement réelle et repose en fait sur une partie du sol ; aussi, pour concilier à notre système le suffrage de tous les citoyens éclairés, nous proposerions, comme amendement, de laisser subsister les hypothèques existantes aujourd'hui ; de déclarer l'Etat seul créancier hypothécaire pour l'avenir, au moyen des titres dont nous avons réclamé la création ; ainsi, à chaque renouvellement hypothécaire, à chaque nouveau besoin d'un propriétaire, l'Etat seul serait investi du droit de prendre hypothèque et de faire les avances demandées.

Les conditions que nous avons déjà stipulées seraient les mêmes ; seulement, il résulterait que le principal remède indiqué par nous pour arriver de suite à la suppression presque totale de l'impôt, ne pourrait recevoir sa pleine et entière exécution que dans un avenir plus ou moins éloigné.

Quant à nous, notre conviction pleine et entière est que l'Etat ne doit pas craindre d'aborder de suite les réformes les plus absolues : appuyé sur l'immense majorité de la nation, le Gouvernement doit procéder de suite à la création d'un système vrai, dont l'effet soit, ainsi que nous l'avons déjà dit, d'appeler la nation tout entière au partage des produits réservés jusqu'à présent à un petit nombre de privilégiés, et permette enfin, par la progression des avantages qui doivent en résulter, de présenter au monde entier le spectacle d'un pays aussi puissant que le nôtre, fournissant à toutes ses dépenses sans recourir à l'impôt. Aussi, terminerons-nous cet article en réclamant de toute notre énergie l'adoption, sans amendement, du second système que nous avons émis.

CHAPITRE 2.

Banque Nationale d'Escompte.

Notre tâche est d'autant plus simplifiée, que nos opinions ont été à peu près devancées par le Gouvernement provisoire : en effet, à l'heure où nous écrivons ces lignes, les journaux publient un décret de fusion opéré sous les auspices du Gouvernement, entre la Banque de France et les neuf Banques départementales.

Mais, si nous partageons ce principe d'une Banque unique opérant dans tout le pays, nous, dont l'intention principale, dont le désir le plus vif est de présenter à l'Assemblée un système général de *crédit exploité par l'Etat*, dont l'effet soit, sinon d'annuler entièrement, du moins d'amortir, dans la plus large proportion, les impôts actuellement en vigueur, en favorisant le développement et l'amélioration de toutes les classes de la société, nous sommes, disons-nous, opposés à ce plan, en ce sens, que ne reconnaissant dans cette mesure qu'un plus vaste monopole, nous désirons voir l'Etat profiter seul des bénéfices immenses produits par l'exploitation de ces Banques.

Qu'il soit bien compris cependant que nous n'entendons pas réserver à l'Etat le monopole de l'escompte; dans un temps, dans un pays de liberté, toute concurrence doit être admise; nous sommes donc les premiers à reconnaître, à admettre le principe des comptoirs particuliers, et nous laissons au bon sens de la population à choisir entre le prétendu monopole de l'escompte exercé par l'Etat et les avantages qui lui seront offerts par les banquiers particuliers.

Ces bénéfices auxquels nous avons fait allusion, s'expliquent aisément par la plus-value des actions formant le capital de la Banque de France et des Banques départementales, et si nous prenons pour base les dividendes distribués et les réserves opérées par ces divers établissements, nous arrivons aisément à prouver que ces comptoirs particuliers réalisent aujourd'hui, non au profit de la société, mais au profit de leurs seuls intéressés un bénéfice d'au moins 55 à 60 millions, ce qui constitue un véritable impôt, bénéfice susceptible d'une augmentation progressive considérable, alors que l'Etat aura établi, dans les chefs-lieux de département, des succursales de la Banque Nationale, dont le centre sera Paris.

Or, nous qui voulons que la société, que le pays tout entier soient dégrevés des charges qui pèsent plus ou moins justement sur chaque citoyen, nous demandons que ces bénéfices rentrent dans les caisses de l'Etat, nous voulons que tout citoyen soit appelé, par la diminution de l'impôt, à recevoir sa part des bénéfices actuellement réservés au petit nombre des possesseurs du *capital-argent*.

Nous nous résumons donc, en proposant que l'Etat devienne le banquier national : qu'à lui seul appartienne le droit de battre monnaie, d'émettre une valeur fictive pour les besoins du commerce; que des comptoirs organisés dans tous les départements, dans tous les arrondissements fonctionnent sous ses auspices et sous sa garantie.

Nous pensons qu'indépendamment du bien-être général qui en rejaillira sur la société entière, les agriculteurs, les industriels, les commerçants, seront plus et mieux protégés, car, agissant dans un intérêt commun, celui de toutes les classes de la société, l'Etat peut, dans des circonstances données, se prêter à certaines facilités que ne peuvent, avec raison, accorder des établissements privilégiés et opérant principalement dans un but d'intérêt particulier.

Quant à l'organisation de ces divers comptoirs, elle est tellement facile, tellement connue de tous les hommes pratiques, que nous ne pensons pas devoir nous y arrêter : en modifiant l'institution actuelle des receveurs généraux et des receveurs particuliers, on réaliserait promptement cette nouvelle création.

En terminant cet article, nous devons faire observer que nous avons voulu nous tenir dans des considérations générales ; il nous eût été facile de lui donner de plus larges dimensions si nous eussions voulu entrer dans des considérations de localités, et faire ressortir les abus, les préférences qui souvent consacrent le bénéfice de l'un au préjudice de l'autre ; mais nous écrivons dans un but uniquement et purement patriotique, et nous ne voulons pas pouvoir être accusés d'avoir, en réclamant l'annulation des priviléges existants aujourd'hui, cherché à servir ou nos animosités personnelles ou celles de nos amis.

Nous dirons même plus : nous n'ignorons pas que les banques, dont nous demandons l'absorption au bénéfice de l'État, et qui ne forment aujourd'hui qu'un seul établissement, ont été créées à l'aide d'un capital formé par des actions qui possèdent aujourd'hui une plus-value considérable ; nous demandons, en conséquence, que les actions représentant ce capital soient remboursées, non au pair, mais à un cours représenté par le cours de ces actions pendant les trois ou les cinq années qui viennent de s'écouler, et que ce remboursement ait lieu en rentes 4 p. o/o au pair. De plus, l'Etat se chargerait de la liquidation des établissements de banque, et leur tiendrait compte de la différence résultant en leur faveur, toujours par le même mode de remboursement, et en faisant cette proposition, nous pensons n'exprimer qu'une idée libérale et franchement républicaine.

Nous n'ignorons pas que ce mode de remboursement doit offrir à l'Etat une charge plus grande, mais il est du devoir de la nation de se montrer juste et généreuse ; elle manquerait à ses devoirs si elle méconnaissait les droits acquis, et si elle ne tenait pas compte des justes réclamations qui lui seraient adressées par les porteurs d'actions dé sédés au pair, lorsqu'il leur serait facile de prouver leur prix d'achat. La République doit vouloir le bonheur de tous ses enfants, et non la perte d'un seul; tous alors doivent concourir pour lui éviter un dommage immérité.

CHAPITRE 3.

Banque Nationale d'avances sur Nantissement de Marchandises.

En divisant ainsi les opérations d'escompte de celles de prêt sur marchandises, nous avons été guidés par le principe, que la réunion de ces deux opérations entrave la marche des comptoirs qui s'y livrent.

En général, l'escompte du papier peut et doit se restreindre à des termes moins longs que les délais qu'il est nécessaire d'accorder au spéculateur, pour que ce dernier puisse attendre le moment opportun et favorable de réaliser sa marchandise.

Jusqu'à présent, les opérations des comptoirs d'escompte sur nantissement de marchandises ont été basées sur une échéance de trois mois, passé laquelle l'emprunteur est tenu de rembourser le billet souscrit par lui en représentation du prêt, ou de laisser vendre son gage; réalisation qui devient alors forcée, et est, pour le spéculateur en marchandises ou le commerçant embarrassé, ce que l'expropriation devient pour le propriétaire qui a consenti un contrat hypothécaire, avec cette différence, pire encore pour le spéculateur, que nos lois commerciales agissant avec une célérité en sens inverse des lentes et ruineuses formalités tracées par nos lois civiles, il est plus promptement exécuté.

On objectera que le comptoir d'escompte peut ne pas user rigoureusement de ses droits, et accorder même plusieurs renouvellements, mais cette objection n'est qu'illusoire, et la question principale est de savoir si le discrédit qui accompagne toujours le renouvellement, n'est pas en définitive plus nuisible encore à l'emprunteur que l'exécution de son gage, bien qu'elle implique toujours une perte considérable.

Les bénéfices que ce genre d'opération présente sont assurément les plus certains qui puissent exister, n'avançant jamais que la moitié ou les trois quarts de la valeur donnée en gage, ayant de plus, par le fait de l'acte de nantissement, la garantie personnelle de l'emprunteur; certes, une émission de valeurs par l'Etat, reposant sur ces gages et constamment limitée au chiffre des avances faites sur matières engagées, devient un des signes monétaires les plus certains qu'on puisse imaginer.

De plus, il laisse à l'Etat le moyen d'offrir de plus grandes facilités aux emprunteurs, permet ainsi un développement plus considérable dans toutes les opérations commerciales, et doit également appeler davantage l'attention des capitalistes sur le commerce maritime.

Par l'organisation comme corollaire des comptoirs d'escompte, des comptoirs d'avance sur marchandises dans toutes les localités, comptoirs gérés pour le compte de l'Etat par des personnes familiarisées avec le commerce de la marchandise; par l'institution entre tous ces établissements d'une correspondance ayant pour but d'être constamment éclairés sur les cours, les qualités et les quantités des diverses espèces de marchandises consignées, l'emprunteur trouve un avantage réel à recourir à ces comptoirs : les facilités qu'ils peuvent accorder, les frais moins considérables qu'ils entraîneront, permettront alors au commerçant d'augmenter la masse de ses affaires, et ainsi accroîtront la richesse et la puissance de la nation.

Les établissements dont nous proposons la création devront reposer sur les bases principales qui suivent :

Avances sur marchandises de la moitié aux 3/4 de leur valeur, selon leur nature ;

Avances réalisées au moyen des valeurs émises par l'Etat, ayant cours forcé, et ne pouvant pas dépasser le chiffre des avances sur marchandises ;

Intérêts perçus, 4 p. o/o l'an;

Durée des avances, 4 mois, avec faculté de la prolonger pendant un an;

Perception d'un magasinage calculé sur la valeur, le volume de la marchandise et la durée en magasin;

Assurance contre l'incendie, au compte du propriétaire;

Commission calculée sur la durée de la consignation : 1/2 p. o/o pour les 4 premiers mois, et 1/4 p. o/o en sus par chaque prolongation de 4 mois;

Autorisation au comptoir de vendre aux limites fixées entre lui et l'emprunteur, au moment de la consignation, afin d'éviter les idées de monopole qui pourraient résulter des facilités offertes par le comptoir;

Faculté à l'emprunteur de retirer son gage par fraction, au moyen de remboursements partiels;

Création de warrant ou transfert, pour faciliter sans frais la transmission et la négociation des marchandises.

Des dispositions règlementaires statueront sur tous les détails de l'administration et de l'organisation intérieure des comptoirs.

En agissant dans toute l'étendue de la France, en offrant ainsi des facilités plus grandes, l'Etat trouvera, par la multiplication de ces opérations, un revenu qui lui permettra de diminuer encore le chiffre de l'impôt à demander à la société.

Nous croyons être au-dessous de la vérité en évaluant à deux milliards la somme annuelle des opérations qui se réaliseront dans les divers comptoirs; c'est donc un revenu de *cent millions* au moins que l'Etat percevrait par cette organisation.

CHAPITRE 4.

Banque Nationale d'avances à l'Agriculture et à l'Industrie.

Nous sommes tous d'accord aujourd'hui pour reconnaître que l'agriculture, cette source de toutes les richesses, a été trop longtemps négligée dans notre pays, et ce sera un des plus grands titres du Gouvernement Républicain à la reconnaissance de la France s'il prend, dès son avènement, les mesures nécessaires pour féconder l'agriculture, qui, à son tour, vivifie toutes les industries, en même temps qu'elle moralise l'humanité.

Que de choses à faire en France pour restituer à l'agriculture le rang qui lui est dû à tant de titres! Combien d'encouragements lui sont nécessaires!... Que de terres, incultes encore au 19e siècle, devraient être depuis longtemps en rapport, et augmenter ainsi la richesse et le bien-être de notre patrie!...

Et sous un autre point de vue, en développant, en honorant davantage les travaux des campagnes, n'est-ce pas le moyen, sinon le seul, du moins le plus prompt, le plus énergique, d'apporter un remède aux souffrances dont se plaint à juste titre la classe des travailleurs, et d'arriver ainsi progressivement à la solution de cet immense problème : l'organisation du travail?

Justement pénétrés de la vérité de ces quelques considérations, nous proclamons la nécessité pour l'Etat de constituer de suite, dans tous les départements, des comptoirs uniquement destinés à venir en aide aux grandes exploitations agricoles, aussi bien qu'à l'humble travailleur qui ne possède que son champ et ses bras pour élever et nourrir sa famille.

Nous voudrions que la constitution de ces comptoirs fût telle, que l'Etat prêtât, sans intérêt, sans bénéfice aucun, et son capital et son aide au cultivateur qui justifierait de la nécessité pour lui de réclamer des secours, surtout lorsque des années calamiteuses ou des événements de force majeure ont détruit pour lui l'espérance d'une récolte.

En exprimant ce vœu, nous n'ignorons pas que, sous les autres gouvernements, des secours étaient quelquefois accordés dans les occasions que nous venons de citer, mais souvent ces secours étaient le prix d'un vote ou la conséquence de relations locales.

Nous, nous demandons que ce qui jadis était considéré comme une faveur, soit un droit acquis dorénavant ; nous demandons que des comptoirs soient institués à cet effet, que le citoyen des champs puisse y faire valoir ses réclamations.

La France doit être bonne mère pour tous, elle ne doit avoir de préférence pour personne, mais si une classe doit avoir des droits plus réels à sa sollicitude, c'est celle en faveur de laquelle nous élevons aujourd'hui la voix.

Nous avons d'abord expliqué l'institution des Banques agricoles, appliquées au besoin du petit propriétaire, n'ayant d'autre revenu que le produit de la terre fertilisée par ses sueurs et son intelligence; maintenant ces mêmes banques auraient, en ce qui touche l'agriculture, une autre mission à remplir.

Les personnes qui ont étudié les questions agricoles savent que dans les grandes exploitations les commencements sont les plus pénibles; que c'est seulement à force de temps et d'argent qu'il est possible d'obtenir, et toujours dans un avenir éloigné, la récompense des peines et du travail.

Nous demandons que principalement dans les départements agricoles, il soit institué des banques ou comptoirs destinés à recevoir les propositions des personnes ou des compagnies qui voudront se livrer à de grandes exploitations ; que ces comptoirs, après un examen sérieux et désintéressé, après une enquête approfondie, ouvrent, en faveur de ces opérations, des crédits à l'aide d'émissions de valeurs autorisées par l'Etat, et limitées au chiffre des crédits ouverts.

Ces crédits seront ouverts à un intérêt modique qui ne pourra pas excéder 2 ou 3 o/o, et seront remboursables par petites fractions, au fur et à mesure des produits et de la mise en activité de l'exploitation.

Les mêmes comptoirs seront également autorisés à faire des avances aux propriétaires, aux fermiers, sur leurs récoltes en greniers, en caves ou sur pied ; des conditions spéciales règleront la forme des garanties données à l'Etat par les emprunteurs, et une pénalité sévère devra atteindre ceux qui, guidés par une honteuse spéculation, disposeraient du gage remis à l'Etat en garantie de ses avances, gage qui, par sa nature, ne peut être déplacé qu'au moment de sa vente.

Les conditions de ces avances pourraient être basées sur les mêmes principes que celles des avances faites sur marchandises.

Non-seulement ces banques devront s'occuper de favoriser l'amélioration du sol et le développement de l'industrie agricole, mais leur attention et leur mission devront aussi se porter sur l'amélioration du bétail et de la race chevaline, enfin sur tous les points qui, directement ou indirectement, se rattachent à la terre.

Il est donc entendu que les crédits que ces banques ouvriront, et les avances qu'elles feront s'appliqueront indistinctement à tous les produits de l'agriculture.

Afin de simplifier l'*organisation du crédit*, nous avons compris dans le même chapitre les avances à faire à l'industrie.

Il en est des grandes questions industrielles comme des grandes opérations agricoles : le même temps, les capitaux considérables ; une intelligence plus qu'ordinaire, sont indispensables pour amener à de bons résultats les établissements destinés au développement d'industries déjà connues, ou à la formation d'industries nouvelles.

Le concours et l'aide de l'Etat sont donc également nécessaires aux personnes ou aux sociétés qui se forment dans le but d'augmenter la richesse du pays par la création de nouveaux établissements.

Nous demandons, en conséquence, que les mêmes comptoirs soient appelés à protéger, à secourir les industriels, après toutefois qu'une étude sérieuse de la question aura démontré la possibilité à peu près certaine de la réussite.

Les mêmes conditions d'avances devront également être stipulées à l'égard des industriels.

Indépendamment de ce premier avantage, nous demandons aussi que les mêmes comptoirs soient autorisés à faire des avances sur les matières fabriquées qui leur seraient remises en consignation.

Comme nous l'avons déjà dit, ces avances seraient faites sur les mêmes bases que celles proposées par nous sur les consignations de marchandises premières.

Enfin, le cas peut aussi se présenter où le propriétaire d'un établissement industriel en activité se trouve dans la nécessité de réclamer l'aide de l'Etat, en proposant pour garantie de sa demande, soit l'immeuble où s'exploite son industrie, soit le matériel qui sert à son exploitation, et que nos lois considèrent généralement comme immeuble par destination.

Dans cette hypothèse, nous pensons que la Banque Nationale immobilière devrait être chargée de cette opération; que toutefois elle ne pourrait traiter que sur l'avis préalable de la Banque Nationale d'avances à l'industrie, seule compétente pour prononcer sur la validité des gages offerts.

Nous n'entrerons pas dans l'appréciation des avantages que cette Banque pourra présenter à l'Etat; nous pensons même que dans les premières années elle sera improductive; mais notre but n'est pas seulement d'indiquer des voies de ressource à l'Etat, notre but est d'indiquer aussi toutes les améliorations que nous croyons nécessaires pour fonder le crédit d'une manière stable, permanente, et favoriser ainsi le développement de toutes les facultés intelligentes et productives de la Nation.

CHAPITRE 5.

Banque Nationale d'Encouragements et de Secours.

Le seul titre de ce Chapitre indique assez que notre intention n'est pas de créer une nouvelle branche de ressources en faveur de l'Etat; mais, dussions-nous nous répéter au point d'être fatigants, nous dirons de nouveau que, si l'Etat doit à la Nation de l'admettre au partage des bénéfices qui, jusqu'ici, n'ont appartenu qu'à une imperceptible minorité, et cela au moyen du dégrèvement des impôts remplacés par ces mêmes bénéfices, il doit aussi tendre une main secourable aux citoyens intelligents, mais nécessiteux, comme aussi à ceux qui, auteurs d'une découverte, ne possèdent pas les moyens suffisants pour la perfectionner et la mettre en activité.

Nous proposons donc la création d'une Banque d'encouragement destinée à protéger, à aider les industriels et les ouvriers intelligents, qui souvent manquent de capitaux pour conquérir, à l'aide de leur travail, la place que le génie et la capacité leur ont indiquée dans la société.

Un conseil s'entourant, à l'occasion, d'hommes probes et spéciaux pour l'éclairer dans les propositions qui lui seraient soumises, devra délibérer sur leur admission ou leur rejet. En cas d'admission, les mêmes encouragements que nous avons réclamés pour l'agriculture devront être accordés, et aux mêmes conditions.

Nous sollicitons d'autant plus vivement cette création, que, si elle eût existé jadis, plusieurs découvertes importantes faites dans notre pays, n'auraient pas eu besoin d'être exploitées d'abord à l'étranger pour obtenir ensuite leur naturalisation en France.

Enfin, nous demandons la création d'une Banque de secours destinée à préserver de la misère les citoyens qui, ne vivant que du produit de leur intelligence et de leurs bras, se trouvent momentanément sans ressources, lorsque vient à leur manquer l'emploi qui faisait exister eux et leurs familles.

Cette institution toute philantropique existe déjà aux Etats-Unis, où elle est exploitée, non par l'Etat, mais par des Banques particulières qui acceptent souvent les valeurs à leur ordre de certaines personnes n'offrant cependant comme garantie que leur intelligence et leur moralité.

Une enquête d'une exécution facile vérifiera les titres des postulants, et justifiera ainsi l'admission ou le rejet de leurs demandes.

Nous sommes profondément convaincus que la création de cet établissement, où le discernement doit s'allier à la générosité, produira les meilleurs effets pour l'extinction du paupérisme et l'amélioration des mœurs de toutes les classes de la société.

En un mot, nous regardons cette institution comme la mise raisonnée en pratique d'un des principes de la République: *la Fraternité.*

CHAPITRE 6.

Banque Nationale de Mont-de-Piété.

Si depuis la création de ces Banques il a existé un établissement qui ait plus complètement menti à son titre, certes, c'est bien l'institution connue sous le nom de Mont-de-Piété, sauf quelques honorables exceptions, parmi lesquelles nous nous plaisons à citer les Monts d'Avignon et de Montpellier.

Formés, comme l'indique leur nom, dans un but unique de bienfaisance en faveur des classes malaisées, ces établissements, pour la plupart, au lieu de leur venir en aide, ont au contraire souvent accéléré leur ruine, en leur présentant des ressources momentanées, mais dont les conditions usuraires absorbaient et le gage et la presque totalité de sa plus-value.

Il serait cependant injuste de méconnaître que, depuis quelques années, des améliorations ont été introduites dans le système des Monts-de-Piété; mais ce n'était que de bien faibles palliatifs, et, selon nous, le moment est arrivé où l'on doit, d'une main ferme, extirper l'usure et les abus, et mettre enfin ces établissements en harmonie avec leur dénomination.

Nous devons faire observer qu'avec le concours des Banques d'avances que nous sollicitons pour le commerce, il doit être désormais défendu aux Monts-de-Piété de prêter aux commerçants, sur engagement de leurs marchandises.

Ce principe une fois admis, il nous semblerait juste que tous les engagements faits pour une somme de F. 25 et au-dessous, fussent quittes de tout intérêt, et frappés seulement d'un droit de 1 p. o/o pour subvenir aux frais et aux dépenses de l'administration.

En effet, tout engagement de F. 25 et au-dessous, indique clairement, par son peu de valeur, la gêne profonde éprouvée par l'emprunteur; c'est donc à ceux-là que l'Etat doit surtout venir en aide.

Tous les engagements au-dessus de F. 25, et ne portant, ainsi que nous le demandons, que sur des objets non appartenant au commerce, devront payer un intérêt de 4 p. o/o, plus 1 p. o/o de frais.

L'organisation de ces établissements étant déjà instituée, nous nous bornerons seulement à demander une administration plus économique et la suppression de rouages dont l'usage a déjà prouvé l'inutilité.

Quant aux Monts-de-Piété existants dans les villes, au profit des communes ou de compagnies particulières, nous pensons que ces établissements doivent faire retour à l'Etat, et que le remboursement du capital y affecté doit leur en être fait en titres de rente, ainsi que nous l'avons proposé pour les Banques d'escompte.

CHAPITRE 7.

Chemins de Fer. — Assurances.

Avant d'arriver au dernier Chapitre de notre travail, d'exprimer nos idées sur la corrélation qui existe entre tous les établissements dont nous demandons la création, ainsi que nos vues sur leur organisation intérieure, et de terminer enfin par quelques considérations sur l'ensemble de ce *système général de crédit*, il nous reste maintenant une dernière proposition à soumettre au sujet des Compagnies concessionnaires de chemins de fer et des Compagnies d'assurances maritimes, contre l'incendie, sur la vie, toutes autorisées par les gouvernements déchus, et réalisant ainsi des bénéfices considérables au détriment de toutes les classes de la société.

En émettant nos opinions au sujet des Chemins de fer, nous ne ferons que nous rallier au système dont il est question en ce moment, et dont le Gouvernement provisoire a justement pris l'initiative.

Nous exprimerons seulement nos regrets, que dans un but constant de corruption le Gouvernement déchu ait cru devoir user de son influence pour obtenir le vote de l'exécution des Chemins de fer par les compagnies et non par l'Etat. Si, conformément au désir tant de fois exprimé par des voix probes, éclairées et plus éloquentes que les nôtres, l'Etat eût entrepris ces immenses travaux, combien de malheurs publics et particuliers eussent été évités; combien d'exemples d'avidité et d'immoralité, surtout dans les plus hauts rangs de la société, ne fussent pas venus nous affliger; combien de fortunes privées n'auraient pas été détruites et absorbées au profit de quelques joueurs privilégiés, qui spéculaient à coup sûr, à l'aide de leurs capitaux, et engloutissaient ainsi dans leurs caisses, déjà trop remplies, les fruits de la modique aisance et les économies de l'artisan trop inexpérimenté!...

Il est donc du devoir de l'Etat, dans un but non seulement d'intérêt général, mais encore et surtout de haute moralité, de se rendre le seul concessionnatre et le seul exploitateur des Chemins de fer.

N'ayant pas la nécessité de distribuer de gros dividendes à des Actionnaires, pouvant, par la réunion de plusieurs services, réaliser des économies sur les frais d'exploitation, l'Etat, mieux que les Compagnies, peut, tout en réalisant un revenu, offrir déjà une réduction sur le prix des transports, et augmenter ainsi le chiffre des voyageurs et celui du transport des marchandises.

Nous regardons comme juste qu'une transaction large, équitable, soit offerte aux porteurs de titres, dans l'échange proposé de leurs actions, contre des titres de rente; mais nous insisterons fortement pour, qu'usant de sa prérogative, l'Etat rentre de suite dans une propriété qu'il n'aurait jamais dû aliéner.

Une opération immense dont les résultats sont bien appréciés par les hommes pratiques, est le monopole des assurances de toute nature.

Or, nous qui considérons aujourd'hui la Nation française comme ne devant plus composer qu'une vaste et immense association dirigée par l'Etat, comme son président et son tuteur, nous croyons faire acte de bons citoyens, en demandant de la manière la plus positive que tous les systèmes d'assurances, actuellement exploités au profit d'un petit nombre d'intéressés, rentrent de suite à l'Etat;

Qu'il en soit le seul possesseur, le seul administrateur;

Qu'au moyen des immenses économies qui peuvent être réalisées par les suppressions des état-majors et des nuées d'employés payés par les compagnies, il soit établi un tarif moins élevé et dont la Nation entière soit appelée à jouir.

Quant à ce qui touche le remboursement des fonds formant le capital des compagnies, ainsi que leur réserve, nous pensons que, conformément aux mesures qui seront prises probablement au sujet des chemins de fer, le capital représenté par des actions, doit être remboursé, non à leur valeur nominale, mais au cours moyen des trois dernières années, en rentes au pair, et le capital représentant la réserve en rentes au cours actuel.

Nous remettons au dernier chapitre à formuler l'organisation qui devrait être donnée à cette nouvelle administration.

CHAPITRE 8.

Ministère du Crédit Public; son Organisation; aperçu des Produits.

Nous avons exposé dans le Chapitre précédent nos systèmes particuliers, à l'égard de chacun des articles que nous considérons comme devant constituer l'*Organisation générale du Crédit;* il nous reste à présent, avant d'évaluer approximativement les résultats probables de ce système en faveur de la Nation, par suite du dégrèvement immense que son adoption ferait rejaillir sur les impôts, à coordonner ces diverses branches pour les fondre et les réunir dans une seule administration.

Nous proposons en conséquence la création d'un *Ministère du Crédit public*, dans les attributions duquel rentreraient, indépendamment des banques dont nous sollicitons l'établissement, les diverses directions des Finances et du Trésor.

Le Ministère résidant à Paris serait réparti en autant de divisions nécessaires, et, dans chaque département, dans chaque chef-lieu important, serait organisée une direction composée des mêmes divisions.

Par ce moyen, un seul local, organisé convenablement, renfermerait toutes les divisions dont chaque chef travaillerait isolément avec le Directeur.

Le mouvement général des billets et espèces serait administré par deux Caisses : l'une des payements, l'autre des recettes.

Chaque Caisse ne payerait ou ne recevrait que sur des mandats ou des quittances visées par le chef de division et le contrôleur, desquels ressortirait le payement ou la recette à opérer.

Une commission, nommée par l'Assemblée constituante et prise dans son sein, exercera sa surveillance et son contrôle sur le mouvement de tous les billets émis par l'Etat, et leur remboursement, en exécution des diverses banques proposées.

Elle devra en faire tous les mois un rapport à l'Assemblée constituante; rapport qui sera mis à la connaissance de la Nation, par son insertion dans les journaux de Paris et des départements.

Cette organisation permettrait de supprimer les recettes générales et particulières, toutes les *Contributions Indirectes* abolies par l'adoption de notre système, et nous n'hésitons pas à dire qu'il en ressortirait une économie énorme par la suppression d'un nombre considérable d'employés.

Des inspecteurs, comme ceux qui existent aujourd'hui au ministère des Finances, mais constamment en route et s'occupant sérieusement de leur mission, porteraient leur contrôle et leur surveillance à la fois sur toutes les branches de ce ministère nouveau, et dont l'idée a cependant été déjà plus d'une fois mise en avant.

Une correspondance hebdomadaire serait établie non seulement avec le ministère résidant à Paris, mais encore avec toutes les directions établies dans les départements, correspondance ayant pour but de faire connaître les diverses opérations traitées dans chaque comptoir.

Une publication mensuelle des opérations de chaque comptoir serait faite dans les journaux des départements et dans le *Moniteur Universel* à Paris.

Des conseils gratuits, composés de personnes notables et éclairées de chaque endroit, prises dans les diverses classes de la société, et dont les spécialités se rapporteraient généralement au but de chaque division, viendraient leur prêter l'appui de leurs lumières. On préviendrait ainsi, par cette espèce de publicité, l'abus des influences de localité.

Nous nous bornons à ces idées générales, nous réservant d'entrer plus tard dans des développements que notre travail déjà trop long nous fait craindre d'entreprendre.

Nous présentons maintenant quelques chiffres approximatifs, pour démontrer quel énorme allégement l'adoption de notre système apporterait dans la répartition des impôts.

Nous admettrons que le budget de la République, réglé convenablement, en assurant tous les services, mais dépouillé de toutes les superfétations dont l'avait grevé le gouvernement déchu, devra s'élever encore, pour les premières années, à 1,000,000,000 de francs, qu'il faudra nécessairement demander à la Nation.

Si notre système est adopté, nous trouvons déjà que les billets émis par l'État, en représentation des contrats hypothécaires, lui produiront . . . . F. 480,000,000

Les Banques d'escompte, dont les bénéfices bruts doivent s'élever à 60,000,000, et qui par suite de leur accroissement devront presque doubler, seulement... . . 80,000,000

Les Banques d'avance sur marchandises, qui peuvent donner aisément lieu dans toute la France à un mouvement de 2,000,000,000, représentés par des valeurs, et dont alors tout l'intérêt est bénéfice pour l'Etat, 2,000,000,000 à 5 o/o 100,000,000

La Banque d'avances à l'agriculture et à l'industrie, dans les premières années, ne fournira que peu, aussi estimons-nous le bénéfice seulement à 20,000,000

Les Banques d'encouragement et de secours, et les Banques de Mont-de-Piété, doivent seulement figurer pour mémoire . . . . »

Enfin, la réunion à l'Etat, des Chemins de fer et des Assurances, devra produire au moins 70,000,000

Total. . . . . F. 750,000,000

Ces chiffres approximatifs, que nous croyons, dans notre pensée, être au-dessous de la vérité, fourniraient donc les trois quarts du budget, et il reste encore à l'Etat, sans qu'il ait besoin de rien demander à la classe peu aisée de la nation, pour couvrir les 250,000,000 restants, en n'évaluant le budget qu'à un milliard :

1° Les revenus des domaines de l'Etat ;

2° Les revenus de l'ex-liste civile ;

3° Les douanes ;

4° Les tabacs ;

5° Les postes ;

6° L'enregistrement ;

7° Les capitaux placés en rente ;

8° La propriété ;

9° Le commerce et l'industrie.

Lesquels revenus réunis doivent dépasser le chiffre nécessaire pour établir la balance entre les dépenses et les recettes, et former ainsi un capital destiné, soit au rachat de la dette, soit à faire face aux dépenses extraordinaires qui pourraient se présenter.

Nous comprenons le temps que demande une pareille organisation ; aussi, tout en faisant des vœux pour qu'elle soit promptement mise en activité, nous demandons qu'il y soit procédé progressivement, de telle sorte que notre système, mis en pratique en 1849, reconnu possible et bon par ses résultats, soit entièrement organisé pour le 1er janvier 1850, et qu'à cette époque la formule placée en tête de notre travail : *Plus d'Impôts!* devienne enfin une *vérité !*

CONSIDÉRATIONS GÉNÉRALES.

Nous sommes enfin arrivés au terme de notre travail.

Qu'il nous soit permis maintenant de présenter quelques considérations sur les diverses propositions émises par nous.

Notre travail est basé sur les principes suivants :

Le Crédit est de toutes les institutions la plus productive.

L'Etat est le plus sûr de tous les débiteurs.

Donc, c'est à l'Etat que doit être attribué uniquement le droit de faire usage du crédit, représenté par des titres ayant cours forcé, titres non seulement garantis par le crédit de l'Etat, mais par les valeurs en échange desquelles ils auront été créés.

Nous nous sommes élevés contre l'institution des banques n'appartenant pas à l'Etat et réunies dans un seul et vaste établissement, parce que, dans notre opinion, c'est créer auprès du gouvernement de la République le double gouvernement du *Crédit et de l'Argent*; c'est vouloir, d'ici à peu d'années, remplacer la *démocratie* dont le règne est enfin arrivé, par le règne de l'*aristocratie d'argent*, dont les funestes conséquences ont été déjà expérimentées sous le gouvernement déchu ; et, s'il nous faut citer des exemples, nous n'avons pas bien loin à remonter dans l'histoire : nous citerons la fameuse lutte soutenue aux Etats-Unis par le Président Jackson, contre la banque des Etats-Unis, et certes, il ne peut pas exister de comparaison plus frappante et plus vraie.

Si nous ne pensions pas que la fusion qui vient de s'opérer dût être un acheminement vers le système que nous proposons, nous nous élèverions avec force contre cette mesure qui, nous le répétons, doit, dans un avenir peu éloigné, amener de fâcheux résultats.

Par la création des banques d'Escompte et d'Avances, par la réunion à l'Etat des Chemins de fer et des Assurances, nous croyons offrir au commerce de grands avantages ; nous pensons que, se procurant des fonds et du crédit à des conditions moins onéreuses, le commerçant se trouve plus à l'abri des mauvaises chances, est moins exposé à la ruine, à la faillite qui en est la conséquence ; qu'il peut plus sûrement et avec plus de tranquillité se livrer à ses opérations.

L'armateur peut également doubler, tripler ses expéditions, sûr qu'il est de trouver dans les magasins créés par l'Etat, des avances qui lui permettent de renouveler son opération avant que la première soit liquidée, et à de telles conditions, qu'il soit assuré que son bénéfice ne sera pas absorbé par les frais de commission de toute nature que prélèvent souvent les consignataires.

Toutefois, qu'on n'infère pas de là que l'Etat, selon nous, doive se faire le seul banquier ; non, nous admettons la libre concurrence ; permis à tous d'être banquier, consignataire, mais nous voulons seulement réserver à l'Etat l'exploitation de tous les grands établissements dont les bénéfices reposent sur le *Crédit* ou le *Monopole*.

Commanditer à bon marché les opérations agricoles et industrielles ; Maintenir et surveiller les progrès de l'industrie, de telle sorte que la production ne dépasse pas les débouchés intérieurs et extérieurs ; faciliter, au contraire, par tous les moyens possibles, le développement de l'agriculture, afin d'y reporter les bras qui se pressent en trop grand nombre vers l'industrie, telle est la mission du gouvernement par la création des banques d'avances à l'agriculture et à l'industrie, tel est aussi un des plus sûrs moyens d'arriver à l'*organisation du travail.*

L'institution des banques d'encouragement et de secours manque à notre pays;

La réorganisation des Monts-de-Piété est jugée indispensable.

En attribuant à l'Etat le privilége de ces établissements, nous voulons qu'il complète ainsi tous ses devoirs envers la société ; et nous pensons que la réunion de ces divers établissements doit avoir pour résultats :

L'extinction de l'usure, cette lèpre de la société ;

L'extinction du paupérisme, dont un pays voisin nous offre un si triste spectacle ;

La moralisation de la classe encore peu éclairée de la société ;

Rendre moins fréquentes et moins funestes les crises qui affligent trop souvent le commerce et l'industrie ;

Diminuer grandement, sinon détruire tout-à-fait, les spéculations effrénées et hasardeuses qui se sont portées et se portent encore sur toutes les valeurs susceptibles d'être vendues à terme ;

Répartir sur la masse entière de la nation une pluralité de bénéfices qui, dans l'état actuel de la société, ne profitent qu'à un petit nombre de riches intéressés ;

Constituer enfin dans toute la France une vaste association, résultat inévitable du Gouvernement Républicain appliqué selon ses véritables principes.

Que si l'on nous objecte que nous créons par l'adoption de notre système un monopole énorme au profit de l'Etat, nous répondrons que ce monopole n'a été par nous créé qu'au profit de 36,000,000 de Français.

Citoyens !

Tels ont été les principes qui nous ont guidés dans ce travail ; nous avons puisé nos idées dans notre conviction et dans nos sentiments républicains; nous ne professons aucun des systèmes entre lesquels l'opinion se divise ; nous croyons même, que s'il s'en trouve dont la manifestation inspire quelque répulsion, dont la propagation soit redoutée, l'adoption de tout ou d'une partie de notre système doit en empêcher l'avènement. Ce n'est que par un gouvernement large, ferme, généreux, n'hésitant pas dans l'intérêt de tous à réaliser de suite des réformes absolues et complètes que la France sera heureuse, forte et tranquille, et que, contemplant son bonheur, les autres nations viendront, en lui tendant la main, lui demander ses institutions, et fonder ainsi, suivant le vœu de tous les philantropes, la vaste *République Fédérative Européenne.*

L'organisation du Crédit par l'État, d'après le système complet que nous présentons, est, selon nous, le premier pas et le plus puissant fait vers la future *Organisation du travail.*

En effet, une bonne administration de finances, basée sur des réformes complètes, sur des mesures nouvelles, permet à l'*Etat, tuteur du peuple,* sinon d'annuler, du moins de diminuer la masse des impôts; les bienfaits d'une instruction gratuite répandus sur la classe nécessiteuse, en la moralisant, en vivifiant son intelligence, donnent la certitude d'opérer dans l'avenir l'*Organisation du travail,* en commençant par celle des *Travailleurs.*

Ce problème, selon nous, est d'une solution plus immédiate et plus facile que le premier.

Bien que cette considération ne paraisse pas au premier abord se rattacher d'une manière intime à notre système de crédit, nous avons cru cependant devoir l'indiquer et démontrer ainsi que notre travail, en embrassant les questions de finances, se rattache aussi aux questions morales, sociales et humanitaires.

Un dernier mot sur la banque immobilière.

De toutes les créations proposées par nous, cette institution est celle, qui par son importance, soulèvera les plus grandes discussions.

En effet, proposer le remboursement de 12 à 14 milliards, inscrits sur la propriété (si nos renseignements sont exacts); effectuer ce remboursement par des valeurs émises par l'Etat et déclarées ayant cours forcé, c'est, d'une part, déranger une foule de combinaisons particulières; d'une autre part, c'est jeter dans la circulation une masse énorme de papiers ayant une valeur égale au numéraire. C'est, dira-t-on, provoquer la sortie des espèces où du moins leur rareté.

A cela nous répondrons que les mesures prises par l'État dans un but d'intérêt général, peuvent froisser quelquefois des combinaisons particulières, mais que cette considération secondaire ne peut trouver grâce devant un résultat qui profite à toute la Nation;

Que le numéraire au lieu de sortir de France, se portera dans les caisses de l'État, qui, par le mécanisme du crédit en deviendra dépositaire, et sera ainsi toujours à même de prévenir les crises qui, récemment encore, se sont manifestées par suite de la rareté des espèces.

Nous pensons, que plus il y a de valeurs solides et d'une garantie réelle dans la circulation, plus il y a amélioration dans le bien-être du pays ; sa richesse en augmente d'autant par la plus-value des propriétés et des fonds publics ; nous croyons cependant que l'Etat doit veiller et empêcher les fièvres de spéculation qui se manifestent dans les temps d'abondance ; et d'ailleurs, le sol de la France, qui peut nourrir 50 millions d'habitants, et n'en renferme encore que 36 millions, n'offre-t-il pas des ressources inépuisables pour le placement des capitaux ?

N'avons-nous pas des reboisements à opérer, des pays entiers à défricher, à assainir et fertiliser par de nombreuses irrigations, par de nouveaux systèmes de culture et d'assolements, des canaux à creuser, à continuer, à achever ? L'industrie ne réclame-t-elle pas aussi le concours de nombreux capitaux, pour qu'elle puisse enfin rivaliser dans toutes les branches, avec nos voisins plus avancés que nous ?

Les mines, les houillères abondent dans notre pays, et nous n'en voyons qu'un petit nombre d'exploitées, dont les conditions étaient plus favorables.

Que l'Etat vienne en aide aux capitalistes intelligents qui se voueront à ces riches et nouvelles exploitations ; que les terres qui appartiennent encore à l'Etat, aux Communes, et qui pour la plupart sont improductives, soient vendues et fournissent ainsi au placement de ces valeurs ; que des compagnies de commerce se forment pour aller chercher au loin de nouveaux débouchés ; que de nombreuses expéditions maritimes fassent connaître notre pavillon aux peuples les plus éloignés ; que de nombreuses relations, ainsi créées, amènent en France de nouveaux produits, en donnant lieu à des échanges lucratifs ; et cette masse de valeurs, qui effraie les imaginations timides, trouvera bientôt son nivellement, fécondera la France, lui imprimera une vie nouvelle, et en fera enfin, par la richesse et l'abondance, ce qu'elle est déjà par le génie et l'intelligence, *la Reine des Nations !*

Et l'Algérie ! cette seconde France, cette nouvelle patrie, ne réclame-t-elle pas des capitaux et des bras ? Les bras s'offrent encore, mais les capitaux manquent ; nous n'en voulons pour preuve que le taux usuraire de l'in-

térêt dans ce pays ; n'y a-t-il donc rien à faire pour elle...? Pourquoi les capitaux ne viendraient-ils pas féconder un sol aussi riche, une nature aussi
puissante ? Pourquoi leur force, devenue enfin intelligente, ne porterait-
elle pas le flambeau de la civilisation parmi ces Arabes que nos armes ont
soumis, et que nous devons maintenant considérer comme nos frères ?

C'est à vous que nous nous adressons, riches capitalistes, c'est à vos sentiments élevés, patriotiques, que nous faisons appel ; n'attendez pas que
notre système soit adopté pour l'accepter : prenez une noble initiative, de-
mandez vous-même ce remboursement qui, sans perte aucune pour vous par
les garanties qu'il vous offre, est pour le pays entier un allègement de la
moitié des impôts qu'il devra payer.

Que dans vos mains généreuses ce capital nouveau soit une ère nouvelle
qui féconde et vivifie l'agriculture, l'industrie, le commerce ; qu'il aide l'intelligence, qu'il favorise l'ouvrier laborieux !. Que, par vos placements
éclairés, le génie se développe ; que l'industrie prenne un nouvel essor, et
nous verrons surgir quelque découverte éclatante qui, grâces à vous, vien-
dra enrichir l'univers entier.

Alors la Patrie vous sera reconnaissante ; alors tous les enfants de la
France, réunis et confondus dans un immense faisceau, réaliseront la
sublime devise de notre République : *Liberté*, *Egalité*, *Fraternité*, en
proférant d'une voix unanime ce cri sorti du fond des cœurs :

UNION ET LIBERTÉ !

VIVE LA RÉPUBLIQUE !

A. CORDIER, Victor TOUCHE.

Marseille, 8 mai 1848.

www.ingramcontent.com/pod-product-compliance
Lightning Source LLC
Chambersburg PA
CBHW061112050726
47594CB00005B/1897